AF669573

स्वयं श्रीवास्तव हिन्दी युवा कविता में चर्चित नाम है। स्वयं का जन्म 28 अगस्त 1992 को उन्नाव में हुआ। वह हिन्दी साहित्य से परास्नातक हैं लेकिन डिग्री उनकी प्रतिभा की गवाही देने के लिए अपर्याप्त है। वह अपनी मातृभाषा के उन विद्यार्थियों में से हैं, जिन्होंने अपनी वाणी से उसे समृद्ध किया। वह मुख्यतः युवाओं के मन की आकुलता और सौन्दर्याकांक्षा को विषय बनाते हैं लेकिन उसे अपनी दृष्टि और भावनात्मक दीप्ति से सर्वश्लेषी काव्य वस्तु में बदल देते हैं। वह पिछले एक दशक से कवि सम्मेलनों में सक्रिय हैं और अनगिन राष्ट्रीय अंतरराष्ट्रीय मंचों पर काव्य पाठ कर चुके हैं। यह उनका पहला संग्रह है लेकिन उनकी ज़्यादार कविताएँ पहले ही लोगों की ज़ुबान पर हैं। फिलवक़्त अपने गृह जनपद उन्नाव में रहते हैं।

swayamsrivastava339@gmail.com

युवान बुक्स
अनबाउंड स्क्रिप्ट का उपक्रम

घर के वास्ते : स्वयं श्रीवास्तव
प्रथम संस्करण : जनवरी, 2025
द्वितीय संस्करण : फरवरी, 2025

ISBN : 978-93-48497-94-9

प्रकाशक : **अनबाउंड स्क्रिप्ट**
2/41, अंसारी रोड, दरियागंज, दिल्ली - 110002
वेबसाइट : www.unboundscript.com
ई-मेल : books@unboundscript.com
फोन नं : 011-35807601

GHAR KE VAASTE
By Swayam Srivastava

मुद्रक : यश प्रिंटोग्राफ़िक्स, नोएडा, उत्तर प्रदेश

मूल्य : ₹ 199/-

घर के वास्ते

स्वयं श्रीवास्तव

युवान बुक्स

अनुक्रम

गीत

आत्मकथ्य

अब जबकि यह किताब आपके हाथों में है तो पता नहीं पेट में तितलियाँ-सी क्यों हैं, मन में घबराहट-सी क्यों हो रही है!

इस किताब का प्रकाशित होना मेरे लिए आश्चर्यजनक घटना है। पलटकर देखता हूँ तो जुलाई 2015 का वो दिन याद आता है, जब पहली बार लखनऊ डॉ. सर्वेश त्रिपाठी जी के ऑफिस गया था। मैंने उनसे बड़े कौतूहल से पूछा - 'दादा! लोग गीत कैसे लिख लेते हैं?' उन्होंने डराया नहीं बल्कि मेरी भोली जिज्ञासा पर हल्का-सा मुस्कुराते हुए बस इतना ही कहा कि लखीमपुर में एक गीतकार हैं- ज्ञान प्रकाश आकुल, उनसे कभी-कभी फ़ोन पर बात कर लिया करो। उसके बाद ज्ञान दादा से ऐसा आत्मीय संबंध जुड़ा, जिसे मैं शब्दों में नहीं बाँध सकता।

ज्ञान प्रकाश आकुल, जिन्हें देखकर हमेशा मुझे रसूल हमज़ातोव के देश दागिस्तान का वो बड़ा आदमी- अबू तालिब, याद आता है, जिसने आज भी सड़क पर चल रहे एकदम आम-से लोगों के बीच में घुल-मिलकर ज़ुरना बजाना नहीं छोड़ा है।

मेरे कविता के सफ़र की शुरुआत ही मुझे बेहद आश्चर्यचकित करती है कि कैसे ज़िंदगी संयोग से इस रास्ते पर ले आयी, जिस रास्ते ने मुझे सबकुछ दिया। इतना दिया कि शंका होती है कि मैं इसका पात्र भी हूँ या नहीं।

अपनी रचना प्रक्रिया के बारे में सोचता हूँ तो चित्तौड़ के बेहद मनहर व सुकोमल गीतकार आदरणीय रमेश शर्मा जी की याद आती है। उन्होंने एकदम शुरुआत में एक सूत्र दिया था। उन्होंने कहा, स्वयं दो चीजें हैं- तरीक़ा और बात। कोशिश करना कि दोनों में से कम-से-कम एक में नयापन हो। तरीक़ा पुराना हो तो बात नयी हो और अगर बात पुरानी हो तो तरीक़ा नया हो। मैंने इस सूत्र को बहुत मज़बूती से पकड़ा।

जो भी लिखा वो ईमानदारी से लिखा, सिर्फ़ लिखने के लिए नहीं लिखा।

हमारे प्रकाशक अलिंद महेश्वरी जी ने जब कहा कि स्वयं जी पहली किताब है, आत्मकथ्य लिख दीजिए, तो एक-एककर वो सारे नाम याद आ रहे हैं, जिन्होंने मेरी संभावनाओं पे दाँव लगाया, बिना परिणाम के बारे में सोचे।

सफलता के बाद पूरी दुनिया आपके साथ होती है पर जो लोग आपके संघर्ष में साथ दें, हिम्मत दें, ताक़त दें, वैसे लोग बेशक़ीमती होते हैं

डॉ. प्रभात सिन्हा, प्रबुद्ध सौरभ, नीरज पांडेय, शबिस्ता बृजेश, गोपाल खन्ना, ये वो लोग हैं जिन्होंने एकदम शुरुआत में भरोसा जताया।

पुष्पेंद्र श्रीवास्तव, अनिरुद्ध सौरभ, सर्वेश सिंह, धीरज मिश्र (धीरज भैया के प्रयासों से ही ये किताब परिष्कृत हुई है) जो ख़ामोशी से बस साथ रहे, बिना किसी उम्मीद के, बिना किसी स्वार्थ के।

दो नामों विशेष रूप से उल्लेख करना चाहता हूँ- डॉ. कुमार विश्वास जी व शैलेश लोढ़ा जी का। जिनके स्नेह ने समय-समय पर अभिसिंचित किया, जिससे यात्रा को गति मिली। मैं आप दोनों के प्रति आदर सहित हृदय से कृतज्ञता ज्ञापित करता हूँ।

गुनाहों का देवता लिखते हुए धर्मवीर भारती जी ने लिखा कि यह उपन्यास लिखना मेरे लिये जैसे पीड़ा के क्षणों में पूरी आस्था के साथ प्रार्थना करना है।

ठीक यही बात अगर मैं अपने रचना संसार के लिए कहूँ तो ग़लत नहीं होगा। एक-एक कविता, एक-एक पंक्ति मेरे निजी संघर्ष के अंधेरे में से उम्मीद की लौ की तरह निकली है।

यह किताब आलोचकों के लिए नहीं है, यह उन साधारण लोगों के लिए है, जो रोज़मर्रा के अपने जीवन से लड़ रहे हैं। यह किताब उन लोगों के लिए है, जो मुझसे प्रेम करते हैं, जो लोग मन से संचालित होते हैं, जो भावुक लोग हैं, जिन्हें प्रेम करना आता है, जिनके होने से ये दुनिया सुंदर है।

कुछ और नाम मोहसिन रज़ा, मधुर श्रीवास्तव, अनुज अब्र, मणिका दुबे, आयुषि रखेचा, योधेश चौहान, ऋचा, प्रतिभा मिश्रा... ये वो लोग हैं जो मेरी हर उपलब्धि पर मुझसे भी अधिक ख़ुश होते हैं।

तमाम नाम हैं, जो छूट रहे हैं, लेकिन उन सबका भी जीवन में उतना ही महत्त्व है।

जीवन के हर पड़ाव पर जिनको याद करता हूँ, जिनकी मेरे पास कोई याद नहीं है, लेकिन उनकी अनुपस्थिति हमेशा याद आती है। सोचता हूँ वे होते तो मेरा जीवन और सरल होता।

उन्हें और अपने हर पुरखे को प्रणाम कि वे आकाश में जहाँ से भी मुझे देखते होंगे ख़ुश होते होंगे, आशीर्वाद देते होंगे।

आख़िर में माँ, जिन्होंने कठिनतम समय में भी मेरी हिम्मत बनाये रखी, जो मेरे लिए मेरी माँ और पिता दोनों एकसाथ हैं। कोई भी बच्चा अपनी माँ के ऋण से उऋण नहीं हो सकता। बस ईश्वर को धन्यवाद देता हूँ। अपनी बहन और जीजाजी को धन्यवाद और अपने दोनों भाँजों को भी, जिनके होने से घर में मुस्कुराहट के फूल खिलते हैं। इन दोनों का ज़िक्र इसलिए कर रहा हूँ ताकि ये जब बड़े होकर इस किताब को पढ़ें तो उन्हें ये पता चले कि उनके मामा उन्हें कितना प्यार करते हैं।

ये किताब उन सबको सौंपता हूँ जो सुबह-सुबह चार बजे मुँह अँधेरे अपने गाँव की पतली सड़क पे सेना की भर्ती की दौड़ के लिए निकल आते हैं, उनको जो सालों से एक अदद नौकरी के लिए अपने शरीर का लौह छोटे छोटे कमरों में कोचिंग सेंटर्स की बेंच पर गला दे रहे हैं, उनको जो अपना घर चलाने के लिए अपने ही घर से बहुत दूर निकल आये हैं, जो अब शायद होली, दिवाली, ईद, छठ पर ही अपने घर आ पाते हैं मेहमान की तरह।

उनको जो लड़ रहे हैं सुखद भविष्य के लिए, उनको जिनकी छोटी आँखो में बड़े स्वप्न हैं, उनको जिनके मन में प्रेम ही प्रेम है।

उनको जो इस दुनिया को और सुंदर बनाना चाहते हैं।

मेरा इस किताब के बारे में कोई दावा तो नहीं है लेकिन इस पूरी किताब में कोई पंक्ति आपके जीवन में किसी काम आ सके तो समझूँगा कि ईश्वर ने जो शब्द जोड़ने की कला दी उसका उद्देश्य पूर्ण हुआ।

14 जनवरी 2025

मैं अपने पाठकों का आभारी हूँ, जिन्होंने महीने भर के भीतर इसका पहला संस्करण खत्म कर डाला। किसी कवि-लेखक को इसी स्नेह की अपेक्षा होती है। इस दूसरे संस्करण में मुक्त छंद की एक नयी कविता जोड़ी गयी है और दो मुक्तकों को हटा दिया गया है, बाकी सब यथास्थान है। आशा है आप इस दूसरे संस्करण को वैसे ही पसंद करेंगे।

स्वयं श्रीवास्तव

बसंत पंचमी, 2 फ़रवरी, 2025

गीत

छली गई मासूमियत

छली गई मासूमियत तब
जादूगरी सीख पाये हैं।
रोये पहले बहुत बाद में
यह मसखरी सीख पाये हैं।।

नाच नचाता जादूगर यह
कठपुतली बन नाचा भी है।
हाथ उठाना सीखा तब, जब
गहरे छपा तमाचा भी है।
सीखे बहुत बाद में हमने
ये चुटकुले तमाशेबाज़ी
कितने दिन तो कविता का ही
अक्षर-अक्षर बाँचा भी है।

लज्जाशील, सत्यवादी, पहली
दुल्हन को छोड़ दिया जब
तब ईर्ष्या मक्कारी छल से
हमबिस्तरी सीख पाये हैं।

सर्कस ही मढ़ गया गले जब
तब रस्सी पर चलना सीखा।
जिसने हमें निगलना चाहा
हमने वहाँ सम्हलना सीखा।
कृष्ण सदा रहते अजेय हैं
अभिमन्यु मारे जाते हैं।
माखन वंशी वाले ने भी
इसीलिए बस छलना सीखा।

'ना' न कह पाने की अब तक
क़ीमत बहुत चुकाई हमने।
तब जाकर कह पाना मन
की बातें खरी सीख पाये हैं।।

मन के अंदर

मन के अन्दर,
रहता हरदम गीत कोई
बस अधरों तक, आने में घबराता है।

मन भीतर, कुछ पंखुड़ियाँ हैं फूलों की
मन भीतर, इक इत्र की शीशी टूटी है।
मन भीतर, इक भोली-भाली सी नगरी
मन भीतर, की नगरी किसने लूटी है?

जिसको भी,
सुनना हो, हो तल्लीन सुने
'मन' पा कर ही 'मन के गीत' सुनाता है।

मन के भीतर, कई कबूतर उजले से
पंखों के, नुच जाने से, डर जाते हैं।
मन के अन्दर, कई सिकन्दर मनमौजी
मन मरता है, तो पहले मर जाते हैं।

कितनी ही
रातों ने मिलकर रोका हो
लेकिन सूरज, सूरज है, उग आता है।

मन के मरुथल में, चन्दन का बाग़ीचा
चन्दन काट-छीलकर, गीत बनाते हम।
पर, चन्दन के लायक, दुनिया नहीं बची
मन मसोसकर, मन में ही रह जाते हम।

पर चन्दन के
गुण ग्राहक फिर लौटेंगे
यही सोच, अँधियारा काटा जाता है।।

काश

काश उस नदिया किनारे, श्रवण जल भरने न आते
काश दशरथ के धनुष से, इक 'निशाना' चूक जाता।।

जिस समय, दो कण्ठ जल की, आस में व्याकुल पड़े थे
उस समय, इक तीर से, उनकी पराजय हो रही थी।
नेत्र, ज्योतिविहीन जिन से, अनवरत जल झर रहा था
इक कहानी की, यहीं से, पटकथा तय हो रही थी।

काश घर से ही निकलते, वक़्त काँवड़ टूट जाती।
बेसहारों से 'सहारा छूट जाना' चूक जाता।।

पर कहाँ हम जानते हैं, अगले क्षण में क्या घटेगा
राम, राजा-राम होंगे, या कि 'वनवासी' बनेंगे।
रात सारी काट लेते, जागकर राहुल यशो माँ
जान पाते यदि हमें, तज बुद्ध संन्यासी बनेंगे।

काश उस दिन, आख़िरी क्षण में, न सोती एक माँ तो
कौरवों का, 'चक्रव्यूही ताना-बाना', चूक जाता।

किन्तु जो भी घट रहा है, उसके पीछे है छिपा कुछ
यह प्रकृति के, नीति-नियमों का, निरन्तर निर्वहन है।
इस नियम से ही, तो सीता अग्निरेखा पार करतीं
इस नियम से, राम के हिस्से में आता, 'वनगमन' है।

यदि श्रवण को, तीर दशरथ का, लगा होता न उस दिन
राम के हाथों दशानन, 'मुक्ति-पाना' चूक जाता।।

अयोध्या

वर्षों तक जिसके हिस्से में,
अनचाहा वनवास रहा हो।
और समय ऐसे भी देखे,
स्वयं समय भी दास रहा हो।
इतनी दूर गया वो ही जो,
मन के सब से पास रहा हो।
इतनी चोटें सहीं कि जैसे,
मूरत कोई तराश रहा हो।

जाने किसकी नज़र लगी थी,
कितनी पावन रही अयोध्या।
पुरखों से सुनते आये हैं,
बड़ी अभागन रही अयोध्या।।

अतिवादों ने सच्चाई की,
अनुनय विनय कभी न मानी।
वर्षों तक चलती आयी फिर,
सही ग़लत में खींचातानी।
सही बात सहमी रहती थी,
चिल्लाती थी ग़लतबयानी।
जाने कितने-कितने दिन तक,
लाल रहा सरयू का पानी।

राजनीति के काले मन का,
उजला दर्पण रही अयोध्या।।

जिस ने केवल इतना चाहा,
सारे मसले हल हो जायें।
सूनी गलियों के सन्नाटे,
फिर से चहल-पहल हो जायें।
संघर्षों की कालिख वाले,
क़िस्से, बीता कल हो जायें।

घर के बेटे के हिस्से के,
तम्बू, राजमहल हो जायें।

बिना राम की रामकहानी,
सुनती 'बेमन' रही अयोध्या।।

कुछ कहते हैं दबी ज़ुबाँ से,
माँ सीता का शाप लगा है।
दो जोड़ी बूढ़ी आँखों का,
पुत्रवियोग-विलाप लगा है।
सूरज को जन्मा है, शायद,
इसीलिए यह ताप लगा है।
कोई तो अपराध हुआ है,
जिसका सिर पर पाप लगा है।

देव और दानव दोनों का,
सागर मन्थन रही अयोध्या।।

आलिंगन चुम्बन

आलिंगन चुम्बन की भाषा
मधुकर है, स्वीकार नहीं है।
सच कहना क्या तुम पर हम को
इतना भी अधिकार नहीं है?

दूर गगन, प्यासा रह जाता
धरती के, इस भोलेपन में।
अनुचित है, व्यवहार धरा का
अल्हड़ उमर सलोनेपन में।

या बोलो चेहरे की रंगत
झूठी है, यह प्यार नहीं है।

बालक हठ समझा है क्या जो
चाँद दिखाती हो पानी में।
कितनी दूर निकल आया मन
दूजे मन की अगवानी में।

अन्तिम बार प्रिये! कहता हूँ
अब की यह मनुहार नहीं है।।

कभी अचानक

कभी अचानक किसी मोड़ पर,
हम को मिल जाना तुम प्रियतम
आँखों में पहचान पुरानी,
होठों पर मुस्कान सँजोना।

यद्यपि बीते कल की यादें,
तन पर, मन पर, छा जायेंगी
कुछ अधरों पर मौन रहेंगी,
कुछ कोरों से बह आयेंगी।

आलिंगन कर लेना उस क्षण,
मत सोचो क्या पाना खोना।

साथ नहीं हँस पाये तो क्या,
साथ गले लगकर है रोना।
नियति हँसी, फिर हँसकर बोली,
दो पल का है रोना-धोना।
नम रहता है घर में तब से,
'कोने के कमरे का कोना'

शायद ये क़िस्मत के लेखे,
लिखे हुए हम पढ़ ना पाये।
भाग्य मुकुट पर मिल हम दोनों,
रत्न, अभागे जड़ ना पाये।

काल क्रूर है, भाग्य क्रूरतम
हठी भाग्य से फिर क्या रोना।

डाकिया

डाकिया इक ख़त तुम्हारे, नाम से कल दे गया था।
एक कोना, नम था उसका, इसलिए हम पढ़ न पाये।।

काँपते हाथों से, ख़त को, खोलकर पढ़ना जो चाहा
अक्षरों के रूप में, आँखों का हर आँसू छपा था
युग युगों से प्रेम की ऐसी नियति ही क्यों रही है
राधिका ने, कृष्ण को क्या, रुक्मिणी से कम जपा था

एक मेरे औ तुम्हारे, बीच में रेखा खिंची थी
चाँद छूना था असम्भव, इसलिए हम बढ़ न पाये।

पत्र को पढ़कर, तहाकर, रख दिया सन्दूकची में
सब्र का, जब बाँध टूटा, रो दिया, मन भोला भाला।
ज़िन्दगी है क़ैद, उस दिन से, अँधेरी कोठरी में
याद के, जितने हैं जुगनू, बस बचा, उतना उजाला।

मन तुम्हीं से, जो लगा था, अब कहीं कैसे लगेगा
हम नये आराध्य की, मूरत दोबारा गढ़ न पाये।।

दिवाली

इस दीवाली तुम किसी के
घर की गृहलक्ष्मी बनोगी
इस दीवाली पर, यहाँ
यादों का, इक दीपक जलेगा।

शीश पर, आँचल सहेजे
कुलवधू, जिस घर की हो तुम
अपनी नाज़ुक उँगलियों से
चौक पूरोगी शगुन की।
दीप मालाएँ तुम्हारे
द्वार पर जगमग सजेंगी
और नयनों में प्रतीक्षा
लक्ष्मी के आगमन की।

दीप का उत्सव मनाओ।
खूब फुलझड़ियाँ छुटाओ।
तब हमारे मन में पीड़ा
का कोई पर्वत घुलेगा।

इस दीवाली हम तुम्हारे
कुछ पुराने ख़त पढ़ेंगे।
जिन ख़तों की रौशनी में
झिलमिलाती ज़िन्दगी थी।
रात छत पर बैठकर हम
देख आतिशबाज़ियाँ फिर
सोचेंगे हिस्से में मेरे
बस तुम्हारी बन्दगी थी।

एक मेरे नाम का दीपक
जलाना हो सके तो
देखना वो दीप सब दीपों से
कुछ ज़्यादा जलेगा।

कल कहीं पर, जब 'जुए की फड़'
को देखा याद आया।
हम तो अपनी ज़िन्दगी का
दाँव कब का हार बैठे।
भाग्य से प्रतिद्वन्द्विता थी
और हम बिल्कुल अकेले
तुम्हें जाता देखते थे
द्वार पर लाचार बैठे।

प्रेम इठलाता था अब तक
भाग्य को निर्बल समझकर
भाग्य फिर से प्रेम के
मुँह पर नयी कालिख मलेगा।

नववधू

रात कल कंगन खनकने की वजह से,
नववधू, नज़रें बचाकर, चल रही थी।
कोयले का आँच से, परिचय हुआ था,
देह सारी, तमतमा कर, जल रही थी।

देह पर लिक्खी हुई थी, छेड़खानी औ शरारत,
और उलझे केश, चुगली कर रहे थे, मौन होकर।
भाल से भटकी हुई, बिन्दी गवाही दे रही थी
मूक सहमति दी, पलक ने, लाज के परदे गिराकर।।

इक झिझक ने, लाँघ ली, दहलीज़ कल से
आँख में फिर, आस मीठी पल रही थी।

मौन, बिल्कुल मौन हो, चुपचाप सिरहाने खड़ा था,
शब्द बनकर आरती स्वर, कान में रस घोलते थे।
वे अधर, ऐसे सटे, दूजे अधर से, क्या बतायें,
जो अधर, इक दूसरे से, अब तलक ना बोलते थे।

रात की रंगत गुलाबी हो गई कल,
चाँदनी सिन्दूर सा कुछ मल रही थी।

तार वीणा के छुए, पहली दफ़ा, जैसे किसी ने
कसमसाहट की, उसी धुन पर, सवेरे झूमती है।
और पसरा है सुकूँ, चेहरे पे उसके बेतहाशा,
जीत जैसे, जीतकर भी, हार का मुख, चूमती है।

ज़िन्दगी की सेज में, करवट नयी थी
अग्नि सारी, बर्फ़ होकर, गल रही थी।

दूब के छल्ले

रिंग कहो मुद्रिका कहो
या फिर कह लो अंगूठी।
बायें हाथ की चौथी
उँगली कर दी हमने जूठी।

उसी समय,
तब इसी बात के,
खूब उड़े थे हल्ले।।

दो किशोर, दोनों अबोध
स्वाभाविक जिज्ञासाएँ।
आँखों से, आँखें पढ़ लेने
की पावन भाषाएँ।

बहुत दिनों तक,
नहीं जान पाये,
कुछ गली मुहल्ले।।

पर दुनिया है ढीठ, रेतघर
बना नहीं रह पाया।
बहुत दिनों तक दोनों का
बचपना नहीं रह पाया।

फिर जब हुई,
सगाई उनकी,
तब हम फिरे निठल्ले।।

कितनों के आने से कुछ की
कमी नहीं जाती है।
तन पर धूप पड़े पर
मन की नमी नहीं जाती है।

चाँद एक ही,
है अम्बर पर,
बाक़ी सभी पुछल्ले।।

कैसी उम्र वो, जब शीशे को
पत्थर रुच जाता है।
तन बन्धन में हो, लेकिन
मन, वहीं पहुँच जाता है।

उसी जगह फिर,
उसी घास पर,
उसी पेड़ के तल्ले।।

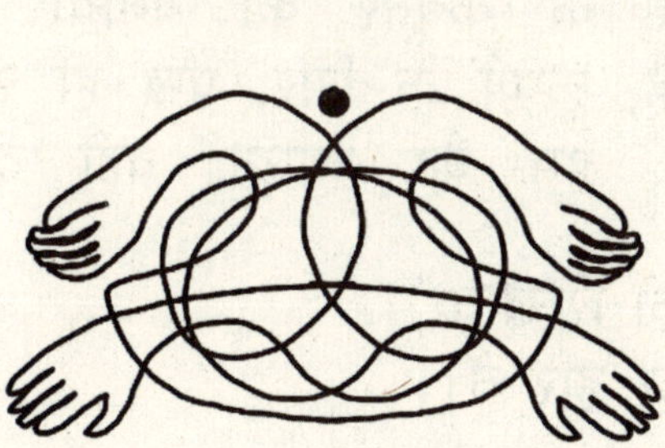

राजा

इक महल की चौखटों ने
इक महल के द्वार ने।
हम को अपमानित किया था
इक भरे दरबार ने।
प्यार को ठुकरा दिया था
निर्दयी बाज़ार ने।।

हम नहीं चाणक्य लेकिन, हाँ शिखा तब खोल ली थी।
ख़ुद को, भीतर से, टटोला और ताक़त तोल ली थी।
लोग जो दीवार से हैं, ये ही दरवाज़ा बनेंगे
हम इसी दरबार में, लौटेंगे हम राजा बनेंगे।

हमको तो केवल बनाया
आप सबके प्यार ने।

अनसुनी आवाज़ का, बदला ज़रा अन्दाज़ हमने।
अपने भीतर के कबूतर को बनाया बाज हमने।
ताज क्या है, कृष्ण के सिर, पंख ही स्वीकार होगा
जिस जगह, हम बैठ जाएंगे, वही दरबार होगा।

जीतना हमको सिखाया,
मिल रही हर हार ने।।

जो पाँव चलेंगे फूलों पर

जो पाँव चलेंगे फूलों पर, महके उपवन में जीवन भर
उन पाँवों को कैसे, पथरीले पथ का, आमन्त्रण दे दूँ?

अपने मन को समझाया भी, भोली इच्छाओं को डाँटा।
उनके जीवन में मधुर गीत, अपने जीवन में सन्नाटा।
कुछ गीतों की पूँजी और बस बाँसुरी बजानी आती है
लेकिन मुरली का मूल्य, बाँस के जंगल में जीवन काटा।

इस वंशी की धुन के आगे, इक पेट खड़ा सीना ताने
मैं डूब रहा ख़ुद, कैसे उनको उम्मीदों का तृण दे दूँ?

क़िस्मत की कोरी है किताब, हर बार निरखना ठीक नहीं।
हर बार पराजित होकर भी, हर बार परखना ठीक नहीं।
हैं भाव तुम्हारे असन्दिग्ध, भावुक निर्णय ले सकती हो
लेकिन आकाशी तारे को, धरती पर रखना ठीक नहीं।

कुछ वर्षों बाद तुम्हे अपने, निर्णय पर पछतावा होगा
मैं भला सुकोमल हाथों में, क्यों महासमर का रण दे दूँ?

मन के दर्पण के कोने में, इक साध अधूरी रहती है।
तारा कितना भी चाहे पर, चन्दा से दूरी रहती है।
क़िस्मत की देवी की बेटी का, हाथ मुझे कैसे मिलता
वो उसे मिले, जिसमें क़िस्मत की रेखा, पूरी रहती है।

मन का मनमीत मिले न मिले, जीवन सबका कट जाता है
जो मुझे चुकाने हैं, जीवन के, तुमको क्यों, वे ऋण दे दूँ?

सुनो बाग़ के सबसे सुंदर फूलों तुम

सुनो बाग़ के, सब से सुन्दर फूलों तुम
हम फूलों को इन नज़रों से मत देखो

गाने वालों की अपनी मजबूरी है
हिरनों की बेचैनी ही कस्तूरी है।
जिनका घर चलता है, जिनके पैरों से
उन पैरों में घुँघरू बहुत ज़रूरी है।

बारह साल का लड़का चलता रस्सी पर
बना हुआ है, अपने 'घर की छत' देखो

तुम पर टिकती हैं दुनिया भर की नज़रें
हम पर भूली-भटकी तितली आती है।
संघर्षों में सम्मोहन चुक जाता है
जैसे आती है, वैसे उड़ जाती है।

हम फूलों को कोई देवी नहीं मिली
गिरकर सूख गये कैसी क़िस्मत देखो

अभिनय वाला अपने आँसू पी-पीकर
आड़ी तिरछी शक्लें खूब बनाता है।
बड़े-बड़े हँसकर भी ना कर पाते जो
जोकर होकर, रोकर, वो कर जाता है।

रामायण में सिर्फ़ राम ही राम नहीं
कुशासनों पर सोये हुए भरत देखो

प्रेम अर्थी

प्रेम अर्थी उठी है, यहीं से अभी
द्वार आँसू से बस, लीपना रह गया।

सूनी आँखों से जाते हुए देखना
जाने वाला जहाँ तक निहारा गया।
इन विदा के क्षणों का है श्रृंगार क्यों
इक अधूरा सपन जब कुँवारा गया।

डाल कटने से पंछी अलग हो गये
घोसला आज तक अधबना रह गया।

रात की इक ज़रूरत पे बाला गया
रात बुझने लगी सब धुआँ हो गया।
एक बाती की भी देह जलती गयी
एक दीपक का भी कोरापन खो गया।

जब सुबह हो गयी, दीप बुझने लगा
लौ के हिस्से में बस, काँपना रह गया।।

अनारकली

प्रेम करने चली, तो उसे भी वही
जो महज़ थी कहानी, सुना दी गयी।
नर्तकी एक, अकबर के दरबार की
कैसे दीवार में थी, चुना दी गयी।

एक अपराध में, दोनों शामिल रहे
किन्तु चाँदी की चम्मच, रिहा हो गयी।
बाद में क्या हुआ ये पता है तुम्हें
पाँव के घुँघरुओं को, सज़ा हो गयी।

कीट, रेशम, ये दो हैं, मगर एक थे
दूर रेशम से पर, कीट रख दी गयी।
आपका इश्क़ कैसा, सलीम आप के
सामने, आख़िरी ईंट, रख दी गयी।।

कैफ़ियत

आज फिर से,
वही कैफ़ियत है
आज फिर याद तुम आ रहे हो

मन के हर ज़ख्म पर लग रहा यूँ
जैसे कोई नमक घुल रहा है।
एक अरसा सहेजा जो आँसू
आज बारिश के संग धुल रहा है।

ग़ौर से,
देखते हैं हथेली
तुम नज़र ही नहीं आ रहे हो

प्राप्ति की लालसा प्रेम कब है
फूल तो टूटकर भी महकते।
तन, युगल गान को, मिल सके ना
मन पखावज की धुन पर थिरकते।

तार वीणा के,
झंकृत हुए हैं
क्या कहीं बैठकर गा रहे हो?

महासमर

यह षड्यन्त्रों की महाकथा
गाथा यह शक्ति सन्तुलन की।
यह पाप-पुण्य का निर्णय भी
यह कथा मोह की, बन्धन की।

सौ बार शान्ति के, पक्षधरों ने, बात यही समझायी।
अब बस कर मेरे भाई।।

शान्ति बड़ी है, किन्तु बताओ, मूल्य शान्ति का क्या हो?
अधिकार सदा वञ्चना सहे, लोभी का जयकारा हो।
हैं युद्ध नहीं केवल वे ही जो होते कुरुक्षेत्रों में।
युद्धों की नींव रखी, धृतराष्ट्रों के मूँदे नेत्रों में।
इस महासमर का शिलान्यास, शकुनी के ही जैसों ने।
कुरुओं की राजसभाओं में, द्रौपदियों के केशों ने।

कृष्ण न्याय है यही, कि सब को मिलती करम कमाई।
अब बस कर मेरे भाई।।

यह प्रतिहिंसक था कर्ण, कि जिसके 'काम' चढ़ा काँधे पर।
और क्रोध नशे का, रूप धरे बैठा, दुर्योधन सिर पर।
यह अहंकार, धृतराष्ट्र बना, बैठा था सिंहासन पर।
और लोभ वहीं पर, जहाँ द्रोण बैठे थे, कुछ सकुचाकर।
यह मोह उपस्थित स्वयं, पितामह बनकर, शीश झुकाकर।
यह काम, क्रोध, मद, लोभ, मोह थे पाँचों उच्च शिखर पर।

रो-रोकर द्रुपदसुता, शैतानों को देती रही दुहाई।
अब बस कर मेरे भाई।।

यह स्वप्न शान्ति का, सिर्फ़ एक की, आँखों में पलने से।
है शान्ति, नहीं सम्भव, दूजे के हिंसा में जलने से।
औचित्य, विचारों, युद्धों का, पर प्रथम धर्म भी जानो।
युद्धों से मूल्य सुरक्षित हो, तो वही धर्म है मानो।
यह शान्तियुद्ध था पृथ्वी पर, साधारण युद्ध नहीं था।
केशव नामक वो जगसारथि, तो धर्म विरुद्ध नहीं था ।

सन्धिपत्र लेकर, बैरंग लौटे थे, कुँवर कन्हाई।
अब बस कर मेरे भाई।।

प्रति-उत्तर न हो तो राजा को धरतीहीन करेंगे।
इनके वंशज फिर से नारी को वस्त्रविहीन करेंगे।
आदेश चक्रधारी का, पापों की वंशावली खँगालो।
हे अर्जुन , बन्धु बान्धवों के, आचरणों को मथ डालो।
हिंसा से बचते हो लेकिन, हिंसा क्या है यह जानो।
यदि सही व्यक्ति भी, ग़लत पक्ष में खड़ा, ग़लत ही मानो।

जिन पैरों में फटती केवल, जाने वही बिवाई।
अब बस कर मेरे भाई।।

है धर्म वही, जिसमें शस्त्रों से निर्बल संरक्षित हो।
है धर्म वही, जिस में दीनों-दुःखियों का, सब का हित हो।
है धर्म वही, जिस को धारण करने में सात्विकता हो।
है धर्म वही, जब सत्यसिद्धि सौ प्रतिशत प्रायिकता हो।
है धर्म वही, जब अनाचार का मर्दन, न्याय त्वरित हो।
है धर्म वही, 'मनसा वाचा कर्मणा' सुनीति फलित हो।

केशव ने गीता में अर्जुन को, बात यही समझायी।
अब बस कर मेरे भाई।।

इक फूल खिल रहा है

इक फूल खिल रहा है,
इस फूल को सहेजो
देखो बुरी हवाएँ।
इसको न छूने पायें।

इसको पता नहीं है,
भौंरे की क्या है नीयत
क्या गीत का प्रयोजन,
सरगम की असलियत क्या

नापाक हसरतों की,
आँखों में चढ़ रही है।
माली की ज़िम्मेदारी,
अब और बढ़ रही है।

कितना उसे बतायें।
कितना रहे छुपायें।

करवाचौथ

धरा व्याकुल है दिन भर से
किसी आकाश की ख़ातिर।
नहीं कुछ मोल पानी का
किसी की श्वास की ख़ातिर।।

ये उत्सव छू अभी
उल्लास और सौभाग्य गुज़रे हैं।
सुहागिन रात आयी है
छतों पर चाँद उतरे हैं।

सजे सौभाग्य चिह्नों से,
सभी के रूप मन्दिर से
अनोखी रौशनी में,
दीपते चेहरे सलोने हैं।
उपासे होठ जो भी,
बुदबुदा दें, प्रार्थनाएँ हैं।

उतरकर चन्द्रमा को अब,
धरा के पैर धोने हैं।

हज़ारों कण्ठ से निकली,
हज़ारों हाथ जुड़कर जो
फलित उस प्रार्थना के,
हम सभी जीवन्त चेहरे हैं।

किसी ने व्रत रखा पहला,
किसी की उम्र है गुज़री
कहीं चुपचाप व्रत कोई,
कठिन सबकी परीक्षा है।
यूँ हर इक चाँद से उसका,
गगन सम्पूर्ण होता है
मगर एक दूसरा भी, चाँद
है, जिसकी प्रतीक्षा है।

प्रतीक्षा के पलों में प्रेम,
का वो पल भी आता है
कि जिस पल की प्रतीक्षा,
में युगों से लोग ठहरे हैं।

मन हटा लो

मन हटा लो
अब वहाँ से मन हटा लो
रास्ता छोड़ो,
उन्हें जाने भी दो अब
रास्ते से काँच-मन के कण हटा लो।

छूटता है हाथ, तो फिर हाथ ढीला छोड़ भी दो।
आँसुओं से तर हुआ, रूमाल गीला छोड़ भी दो।
जो सुखद पल, साथ बीते, तुम उन्हें पूँजी बना लो।
मुस्कुराकर, दो विदाई, और अपने को सम्हालो।

खूबसूरत,
इस कहानी को बचा लो।

बन्द कर दो यार, अब परछाइयों में, लौ पकड़ना।
औपचारिक हो रहे, रिश्ते में, पहले सा झगड़ना।
वो नहीं ठहरेगा, उससे प्रेम जितना भी जता लो।
पीर की पगड़ी, भरे बाज़ार ऐसे मत उछालो।

हाथ में,
इक याद का दीपक जला लो।

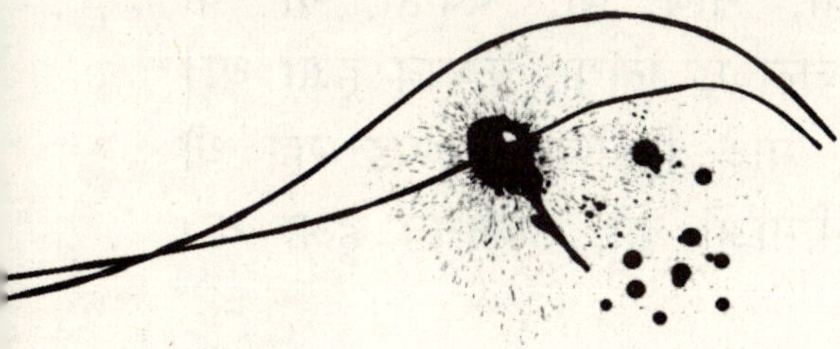

दो गुलाबी पाँव पानी में

रौशनी का गाँव पानी में।
दो गुलाबी पाँव पानी में।।

इक नदी के घाट पर, बैठे थे दोनों
पाँव, पाँव से छेड़खानी कर रहे थे।
छू रहे, बच भी रहे, इक दूसरे से
इक दूसरे को, पानी-पानी कर रहे थे।

चल रहे थे दाँव पानी में।
डूबती थी नाव पानी में।।

चाँदनी थी, मौन था, एकांत भी था
अग्नि ने, जल छू लिया, कम्पन हुआ था।
झील के, माथे पे सिलवट पड़ रही थी
हम से सीमाओं का, उल्लंघन हुआ था।

घट रहा अलगाव पानी में।
भर रहे थे घाव पानी में।।

यह समय, संसार का, कितना कठिन है
प्रेम का, लेकर सहारा, बीतता है
अग्नि, अपराजेय है, सारे जगत में
अग्नि से, जग में, महज जल जीतता है।

जल रहे थे अलाव पानी में।
पानी जैसे भाव पानी में।।

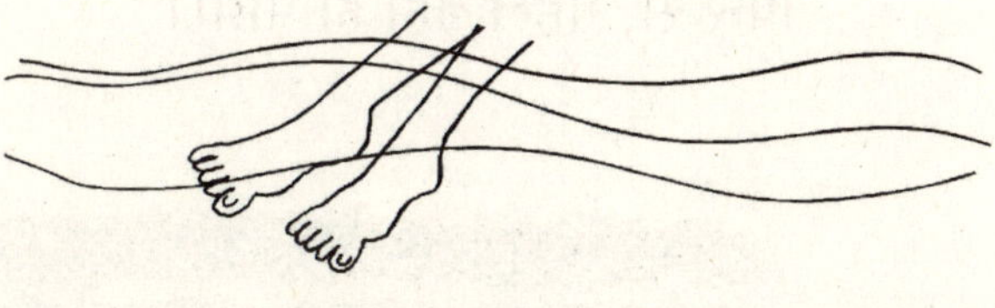

रोल नम्बर

अटकी हुई एक भर्ती का,
अभी-अभी परिणाम सुना है
और सुना है इक रोल नम्बर,
फिर से सफल नहीं हो पाया।

उसी रात, सपने में उसने,
रस्सी देखी, पंखा देखा
और हार जाने वालों को,
सीटी देती, गाड़ी देखी।
तेज़ बहाव, नदी का जैसे,
बस उसको आवाज़ दे रहा
ठीक उसी के बाद, पिता की,
धीमी होती, नाड़ी देखी।

आशाओं की, पर्णकुटी थी,
फिर से, महल नहीं हो पाया।

इस रिजल्ट की आशा में जो,
वो इक लड़की साथ रुकी थी
ईश्वर से की गयी, प्रार्थना में
जिसका स्वर, साथ जुड़ा था।
इस रस्ते पर, शायद उन दोनों का,
साथ, यहीं तक था बस
इक को यहीं, रुके रहना था,
इक का रस्ता, अलग मुड़ा था।

अड़ जाता वो उसके घर पर
इतना सबल नहीं हो पाया।

जोकर है, जोकर से सर्कस मत छीनो

जोकर है, जोकर से सर्कस मत छीनो
जोकर, जोकर नहीं रहा तो मर जायेगा।

जोकर के सिर पर यह टोपी, रंगबिरंगी ही फ़बती है
जोकर मोनोटोनस, नाइन टु फ़ाइव में नहीं रमेगा।
जोकर के कानों को तो, हर रात तालियों की आदत है
जोकर का तो, इस शराब के बिना, तमाशा नहीं जमेगा।

इस कनात भीतर, जीना भी-मरना भी
जोकर सर्कस के बाहर किस घर जायेगा?

सब दिशाएँ सर झुकाती हैं

सब दिशाएँ सिर झुकाती हैं
जब समय अनुकूल होता है।
मुँह चिढ़ाते राह के पत्थर
जब समय प्रतिकूल होता है।

बीत जाते हैं, उदासी से भरे दिन,
पर उदासी, देर तक जाती नहीं है।
मुस्कुराती, धूप का भी हाथ इसमें,
बेल कोई, यूँ ही कुम्हलाती नहीं है।

इक समय कोई जो काँटों सा चुभे
इक समय वह फूल होता है।

जब कभी, गर्दिश में होते हैं, सितारे
तब भुनी मछली, स्वयं तालाब जाये।
वक़्त ही, हर ख़्वाब को, पूरा करे भी
वक़्त, अपनी आँच में, सब कुछ जलाये।

वक़्त ही, सब कुछ, सिखाता है
वक़्त ही, स्कूल होता है।

यह समय की गति है, इसको कौन जाने
हर घड़ी, परिवर्तनों की ही कहानी।
फ़र्श पर आते ही रहते कितने राजा
रंक को मिलती ही रहती राजधानी।

आदमी ही, भाल का चन्दन
आदमी ही, धूल होता है।।

चले कृष्ण जब वृंदावन में कहा ये

चले कृष्ण, जब वृन्दावन में, कहा ये
कि जाओ, मगर कुछ वचन याद रखना।
अधर, बाँसुरी की, छुअन याद रखना।
ये भीतर का, मासूम मन याद रखना।

यहाँ मन के राजा, हो राजा, दिलों के
वहाँ राह में, राजधानी पड़ेगी।
यहाँ गीत गाते हो मन के, वहाँ पर
तुम्हें रोज़ गीता सुनानी पड़ेगी।

भले रुक्मिणी सँग, गृहस्थी बसाना
मगर राधिका के, नयन याद रखना।

ये मुस्कान के पीछे, आँसू छिपाना
भले दुनिया बोले, कि बहुरूपिया है।
ये पाँवों के छाले न देखेगा कोई
कि नीला गला है, ज़हर पी लिया है।

तराजू पे हो, पाप का, पलड़ा भारी
मगर धर्म का, सन्तुलन याद रखना।

बड़े व्यक्ति का जन्म, छोटी जगह हो
तो फिर मान लेना, बिछड़ना भी तय है।
ख़ुशी जन्म की, मातृ भू को, बहुत पर
ख़ुशी के, पलों में, बिछड़ने का भय है।

मनोयोग से, द्वारिकाएँ सजाना
मगर कृष्ण तुम, वृन्दावन याद रखना।।

पापा मुझे माफ़ कर देना

पापा! मुझे माफ़ कर देना,
लज्जित होकर, कहता हूँ मैं।
मेरा, आप, बुरा सोचेंगे,
आख़िर मैंने, कैसे सोचा?

कैसे, कोई पिता, पुत्र के,
सपनों में, दीवार बनेगा।
दम घुट जाये, प्रिय सपनों का,
कैसे, स्वर्णिम भवन चुनेगा।
पर मन में, आशंका रहती,
होगी एक कोने में, छिपकर
कुछ शब्दों की, लिये पोटली,
कैसे सुखद भविष्य बुनेगा?

मुझसे पहले, कितने ही तो,
सावन-पतझड़ देखे तुमने।

मुझको, छूने से पहले,
आँधी ने, बूढ़ा बदन खरोंचा।

मेरे सपने अलग, आप का
मेरे लिए, अलग सपना था।
ऐसी आग लगा ली हमने
जिसमें जीवन भर तपना था।
आप चाहते थे, काँटों से,
मेरे पाँव न रक्खें यारी
प्रचलन वाले, मन्त्र रटाये,
जो दुनिया भर को जपना था।

जो प्रचलित है, वो धुन गाकर,
और नया कुछ भी न रचना
जैसे सोने के पिंजरे ने,
उड़ता पंछी, खूब दबोचा।।

सहमे सकुचे दो पाँव

डगमग डगमग
सहमे सकुचे दो पाँवों ने लाँघी देहली।
काँटे से बिंधने
की ख़ातिर पानी को छोड़ चली मछली।।

जब उनसे मिलने की ख़ातिर
सब शून्य-सिफ़र हो जाता है।
ऐसे अवसर कम आते हैं
जब प्रेम मुखर हो पाता है।

कितने सावन से
बिन बरसे मन पाकर बरस गयी बदली।

लम्बी रातों में करवट का
कोई तो कारण होता है।
इस निर्मम दुनिया में कोई
क्या बिना बात के रोता है?

सोने का पिंजरा
तोड़ दिया फूलों पर बैठ गयी तितली।।

तन बंजारा

ध्रुव तारे से
चंदा ने पूछा आते जाते
डर लगता क्या
देख के मुझको
सबके साथ निभाते?

मन पर है
अधिकार तुम्हारा
तन बंजारा है

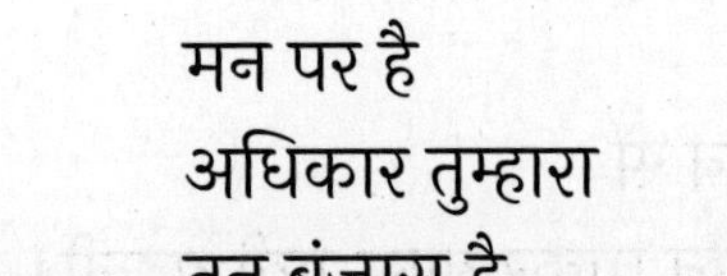

नज़्में

रतजगे

शहद से शब्द, स्वर से, सरगमों से, भी पगे होंगे।
हज़ारों लोग, बस अगवानियों में ही, लगे होंगे।
जहाँ जाओगे, लोगों के हृदय को, जीत लोगे तुम।
हरेक होंठो पे थिरकें, इस तरह के गीत होगे तुम।
मगर इस दर्द का, तुमको नहीं, अनुमान भी शायद।
पिघल जाते सुना था, प्रेम से, पाषाण भी शायद।
सहज मोती मिला है, तो उसे, ठुकरा रहे हो तुम।
बिलखती राधिका को, छोड़कर भी, जा रहे हो तुम।
कि जाते देखने से, आँख में, पारा भरा होगा।
मरी थी, बाद में आँखें, हृदय पहले, मरा होगा।
कि जैसे तीर से, इक गर्भिणी हिरनी, मरी होगी।
कि जादूगर बता, अब कौन सी, जादूगरी होगी?
इन्हीं गीतों से ही तुमने, हृदय कितने ठगे होंगे।
जो वृन्दावन गये हैं छोड़कर, किसके सगे होंगे।
किया है प्रेम तुम से, किस हृदय से, शाप दूँ तुम को।
मगर जाओ 'तुम्हारे रोज़ ही अब रतजगे होंगे'

चमत्कार हिन्दी फ़िल्मों में होते हैं

कुछ दिन होते हैं, जिनमें जादू होता है।
इक ऐसा दिन, यह आज का दिन, भी होता है।
जब पहली बार, इसी दिन, दिल की बातों को।
अपने होठों तक लाने की सोचे थे हम।

सोचा था अपने हाथों से सौपें गुलाब
और सब कह दें, जो वर्षों से अनबोला था।
वो बात, जो हर कॉपी के पिछले पन्ने पर
वो बात, जो कोचिंग में, सबको ही पता रही।

वो बात, कहीं बिन बोले ही, रह जाये ना।

हम जैसे, कम हिम्मत लड़कों की दिक़्क़त है
जीवन में, कितना अनबोला, रह जाता है।
जैसे-तैसे, हमने सारी, हिम्मत बटोर
ईश्वर का लेकर नाम, कि अब चाहे जो हो।
यदि आज भी नहीं कह पाए, तो क्या होगा?
कोचिंग का अन्तिम साल, और अन्तिम दिन भी।

फिर इसके बाद, रास्ते अलग-अलग होंगे।

पर चमत्कार, हिन्दी फ़िल्मों में होते है।
उस दिन भी, हम दोनों उतने ही, अलग रहे।
उस दिन भी, मेरी एक आवाज़ नहीं पहुँची।
उस दिन भी, आँखों ने उसको जाते देखा।

एक वो दिन था, और आज वही दिन है फिर से।
इतने सालों में, दुनिया कितनी बदल गयी!
कितना, बह चुका है, गंगा में तब से पानी।
मैं भी, अब उतना चुप, तो शायद नहीं रहा।

कुछ ना कुछ, लिखने की - गाने की, आदत है।
उसको शायद, वो चुप-चुप लड़का, याद न हो।
पर कहते हैं, आवाज़ें कभी नहीं मरतीं।
वे, अंतरिक्ष के शून्य में, गूँजा करती हैं।

इस जीवन में, अब केवल इतनी, ख़्वाहिश है
मेरी आवाज़, उन्ही कानों तक, पहुँच सके।

उम्र

गुज़रती उम्र तुमसे और तो शिक़वा नहीं कोई
बस इतनी बात दिल मे रह गयी, है
काफ़ी अरसे से
समझ लो एक काँटा, जो कि तलवे में
चुभा है कितने वर्षों से,
तुम्हारा मन मिले तो,
आज वो काँटा निकालेंगे
तुम्हें गर याद हो तो,
आज तक माँगा नहीं कुछ भी,
कुछ ऐसा जो कि मेरी हैसियत से ज़्यादा बढ़ के हो
या कुछ ऐसा कि जो तुम माँगने पर, दे भी दो मुझको
मगर अहसान के जैसे,
तुम्हे मालूम था न, जब ये तन का लौह ही जाता रहेगा,
क्या करूंगा पारसों का मैं
किसे सोना बनाऊंगा
किसे झुमके पिन्हाउंगा

तेरी चालाकियाँ, ऐ ज़िन्दगी! सारी समझता हूँ
समझता हूँ कि एक चेहरे से, आख़िर अब मिलाया क्यों
मिलाया भी किसी से अब,
तो कैसा खेल क़िस्मत का,
ये कैसी लुक्का-छिप्पी है,
कहाँ बाक़ी है अब कुछ भी,
न वैसा मन रहा अब,
जो कि तारे तोड़ने की बात कह के
रोक ले, उस जाने वाले को
न वैसी उम्र,
जो इन ग़लतियों को माफ़ कर देगी, हमें बच्चा समझ कर के
न अब मासूमियत ही बच रही है, अपने क़िस्से में
कि बस एक दूसरे को भींच कर-खुल कर के, रो भर लें
और रोते-रोते कह दें हाँ कि तुमसे प्रेम करते हैं
हाँ, तुमसे प्रेम करते हैं
बिना सोचे, बिना समझे, न जाने कैसे कब से,
उन लकीरों से मोहब्बत है
कि जो चेहरा बनाती हैं तुम्हारा
मोहब्बत हैं उन्ही रंगों से, जिनका

आपके चेहरे पे कब से आना-जाना है
तो अब कुछ भी नहीं है, मेरे हाथों की लकीरों में
लकीरों में तुम्हारे भी मेरा चेहरा नहीं बनता
लकीरों में नहीं है कुछ,
सिवाय इन खरोचों के,
मलालों के,
बिना उत्तर सवालों के

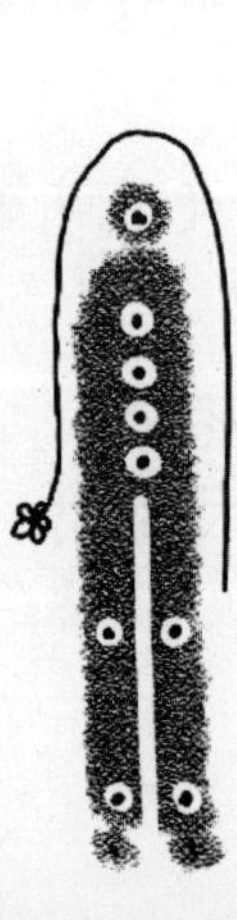

ठीक वैसे ही

ठीक वैसे ही,
जैसे तुम करती हो, किसी और की बातें मुझसे
हँस पड़ती हो, उसकी कोई बात बताते हुए
एकाएक गम्भीर हो जाती हो,
फिर मुस्कुराने लगती हो,
कुछ याद करके,
फिर कहीं खो जाती हो

कोई जाने तो समझे कि तीन लोग हैं,
पर मैं जानता हूँ कि सिर्फ़ दो ही हैं,
एक तुम,
और दूसरा वो, जिस की तुम बात कर रही
मैं नहीं हूँ यहाँ,
भले ही तुम मुझ से ही बात कर रही हो,
पर फिर भी मैं नहीं हूँ
ठीक, वैसे ही कभी किसी दोस्त से, बात करते हुए

अनायास ही कर बैठना ज़िक्र,
मेरा भी,
कुछ तो कह देना,
चाहे इतना ही,
कि,
ज़्यादा तो नहीं पर सुन लेता था, जो भी मैं कहती थी
या बेचारगी प्रकट कर के कह देना,
कि,
अभागा था बेचारा
प्रेम नहीं था उसके जीवन में
या इतना ही,
कि अब पता नहीं कहाँ हो,
और बोलते-बोलते,
कुछ सोचने लगना,
किसी शून्य की तरफ देखते हुए

साईकल

कोचिंग से,
दोनो साथ छूटे

निहारिका अपनी
साईकल से,
और कुन्दन अपनी,
फिर,
निहारिका आगे निकल आयी
लेकिन सिर्फ़ वो ही,
मन उसका,
पीछे आता कुन्दन की,
साईकल के आस-पास ही था
और,
कुन्दन भी
पैडल तेज़ मार के
पहुँचना चाहता था
बराबर

निहारिका के,
लेकिन
हर बार की तरह आज भी
रोक रहे थे
उसे,
उसके पहने हुए कपड़े,
जर्जर साईकल,
लेकिन
फिर उसको
सम्बल देता है,
गणित का वो प्रश्न,
जो अभी कोचिंग में
सिर्फ़ कुन्दन हल कर पाया था।
जिस पर गुरु जी ने
थपथपायी थी पीठ
कुन्दन की।
तब कुछ आँखों में
ईर्ष्या थी,
पर सिर्फ़

कुन्दन ने देखी थी
वो एक जोड़ी आँखें जिनमें
प्रशंसा का भाव था।
सोचते-सोचते
कुन्दन बराबर में आ गया
कुन्दन ने साईकल की
घन्टी बजायी।
बदले में
उधर से भी घन्टी सुनायी दी।
दोनों
बेसाख़्ता खिलखिला कर
हँस दिये
आने वाले
कल से अन्जान

पुरानी साईकल,
नयी साईकल के साथ,
चलने का सपना देख रही थी

वही सर्दियों के ये दिन आ गये हैं

वही सर्दियों के, ये दिन आ गए थे
वही ओस, गिरने लगी, पत्तियों पर।
वही आग, जलने लगी, शाम होते
थे जुटने लगे, लोग बैठक में फिर से।

वही गिल्ली-डण्डा, वही ताश कञ्चे
वही ऊनी स्वेटर, वही मूंगफलियाँ।
वही बतकही थी, वही सब चकल्लस
न कुछ भी था बदला, हमारे शहर में।

गरम चाय की, भाप उड़ने लगी फिर
वही कुल्हड़ों की, महक सोंधी-सोंधी।
वही दोस्त यारों से, मिलना-मिलाना
वही रात ढलने, तक आवारागर्दी।

मगर एक दोपहर, हमें याद आया
पुराने लिफाफों से, जब धूल पोंछी।
शहर ये जो रंगत, गुलाबी लिए है
ये इसकी नहीं है, चुराई है इसने।

ये जो रूप दिखता, तुम्हें चन्द्रमा का
ये सूरज की लाली, उधारी की है सब।
चमकते है जितने, गगन में सितारे
उसी की ही चूनर से, छिटके कभी थे।

कलाई में, लिपटे हुए, चार फन्दे
जो बाँधे थे, उसने नज़र काटने को।
मगर चाँद की माँ, डिठौना लगाती
उसी की ही, आँखों का, काजल चुराकर।

बनाया, जो एक दिन था, गाजर का हलवा
कि उँगली से अपनी थी शक्कर मिलायी।
जो खाते, तो तय था, शुगर हो के रहती
न खाते, तो जीकर के, करना भी क्या था

उसी एक दोपहर में, ऐसे ही हम दो
अचानक ही एकटक, लगे ताकने बस।
नज़र में न जाने, वो कैसी तपिश थी
धड़कने लगा दिल, बहुत तेज़ धकधक।

नज़र को झुकाकर, लगे लब कुतरने
सवालों ने उसके, निरुत्तर किया था।
उसी पल लबों ने, लबों को छुआ था
कि दुनिया, ठहर सी गयी थी उसी पल।

उसी पल हुआ, एक वादा वहाँ पर
बिना कुछ कहे ही, निगाहों-निगाहों।
कि जब भी मिलेंगे, जहाँ भी मिलेंगे
नज़र से ही, दोनों को, पहचान लेंगे।

मगर वक़्त गुज़रा, चली ज़िन्दगी जब
बहुत से, नये मोड़, मुड़ने लगे हम।
पुरानी गली में, खड़ा था क्या कोई
ख़बर रखना भी, कब ज़रूरी था समझा।

वही एक लड़की है, अब भी शहर में
कोई मीठी धुन, गुनगुनाती है अक़्सर।
शहर की फ़िज़ा में, शहद सी घुली है
ख़यालों की, दुनिया में रहती है, शब भर।

गली से गुज़रती, अभी भी हमारी
मगर चुप्पियों का, लबादा लपेटे।
लिए एक तख़्ती, न जाने क्या लिखती
वो लिखती है अक़्सर कि लिख के मिटाती।

मगर एक दिन, उसने 'वादा' लिखा था
लिखा और उसको, मिटाया नहीं था।
बहुत देर तक, देख, हँसती रही थी
वो 'वादा' किसी का, सहेजा था 'उसने'

पुराने ख़तों को उलटकर पलटकर

पुराने ख़तों को, उलटकर पलटकर
कि जब आज रुककर, ज़रा साँस ली थी।
तो सोचा कि ढूँढ़ें, ज़रा आप को हम
कि तुम सँग ही तब ज़िन्दगी खो गयी थी।

किसी जगमगाते, शहर की इमारत
की जा, सबसे ऊँचे कँगूरे पे बैठे।
जहाँ ज़िन्दगी, उँगलियों में सुलगती
तो कुछ ग्लास में, बर्फ़ के सँग पड़ी थी।

वही ज़िन्दगी है, वही शब, वही दिन
न कुछ भी है बदला, शहर में हमारे।
वही गुनगुनाती हुई, लड़कियाँ हैं
वही, मेरे जैसे हैं, चुपचाप लड़के।

मगर खनखनाती, हुई मुस्कुराहट
नहीं अब शहर में, हमारे किसी की
न वो शोख़ियाँ हैं, न शैतानियाँ हैं।

वही बारिशें अब भी आतीं शहर में
मगर याद करती, वो उन्मुक्त लड़की
नयी जीन्स के, पाँयचे जो चढ़ाकर
बहुत देर तक, बारिशों में घुली थी।

लगाकर हरे रंग का, जब रिबन तुम
उमर क़ैद देती, कई बादलों को।
या ज़ुल्फ़ों के बादल को, आज़ाद करती
क्लचर, मोतिया दाँत से, जब पकड़कर।

कलेजा हमारा था, मुँह तक को आता
कि दिल एक जीतोगी, कितनी दफ़ा तुम।
मगर कह न पाये, कभी तुम से हम कुछ
कि 'होंठो के नीचे का तिल' मुझको भाया।

झिरी वाले दाँतों से, झरती हँसी जब
हिमाचल में जैसे, बरफ़ झर रही हो।
किसी शाम हाथों में, इक हाथ आया
तो मिल दस उँगलियों ने, इक घर बनाया।

शरारत से तुमको थे, "लड्डू" बुलाते
वो सुन के ये, रोनी सी, सूरत बनाती।
है सूरत बसी, आज तक, दिल में मेरे
वो मीठा सा, शिक़वा, संजोया है, अब तक।

मगर गुलमोहर, ओढ़ता अब उदासी
नहीं आता कोटर में, पंछी का जोड़ा।
चहकती न बुलबुल, न कोयल ही गाती
कि जैसे, उजड़ सी गई एक दुनिया।

हुआ यूँ कि तोड़ी थी, मेहँदी जतन से
गदोरी पे उसकी, रचाने की ख़ातिर।
उसी में छिपाकर, मेरा नाम लिखना
जो कहना था उस से, मगर कह न पाये।

कि मेहँदी रची, किन्तु दूजे की ख़ातिर
मेरे हिस्से में, हाथ आ वो न पाये।
वो रंगत रंगी, इश्क़ के रंग से जो
रची थी कि फीकी, न हम देख पाये

ट्रेनों का टाईम बदल जाना

वैसे तो, कोई बड़ी ज़रूरी या महत्त्वपूर्ण घटना नहीं होती
अक़्सर ही बदल जाती है,
कुछ ट्रेनों की समय सारणी में जगह
जैसे,
जब-जब ट्रेनों की
घटनाओं, दुर्घटनाओं की समीक्षा बैठकों के बाद
आमूलचूल परिवर्तन का वादा किया जाता है,
सरकार बहादुर द्वारा
तब-तब ट्रेनों के शेड्यूल में ऐसे ही फेरबदल कर दिए जाते है।
जैसे झाँसी इन्टरसिटी,
अब शाम को 5:30 बजे नहीं आती उन्नाव जंक्शन पे
न ही अब पहुँचती है झाँसी 10:25 बजे,
न ही लड़का अब 10:55 पे पहुंच जाता है उस मेन गेट पर
जहाँ ऊपरी तल्ले के पीले पुते कमरे में,
सो जाना है घर याद करते हुए,

न ही 10:58 पे अब मेनगेट खोलती है,
चिड़िया जैसी लड़की
जो अक़्सर शाम को, शाम के जैसे ही बिल्कुल शान्त रहती है
जो कभी ऊपर छत पे नहीं जाती,
झाँसी के इलाइट बाज़ार और मानक चौक,
भी नहीं गई कभी अकेले

पर वो शाम से, उँगलियों पे गिना करती है स्टेशनों के नाम
उन्नाव से झाँसी के बीच के,
सारे के सारे याद हैं उसे
जबकि वो झाँसी के बाहर कभी नहीं गयी,
तब भी उसे पता है कि,
कमाल होते है उरई के रसगुल्ले

न जाने, उसे गेट का ताला खोलने में,
चाबी एक बार में ही क्यों नहीं मिलती
शायद सिर्फ़ उँगलियों से ही खोलती है,
आँखें कहीं और होती होंगी,
खुलते खुलते गेट 11:03 हो ही जाता है

दूर कमरे में सोने से पहले, टीवी पर
आख़िरी धारावाहिक देखती हुई उसकी माँ, झुँझलाती है,
अपनी लड़की के फूहरपन पे
तब तक,
जब तक,
पकड़ नहीं लिया जाता,
दो अलग-अलग कमरों में
दो अलग-अलग लोगों के द्वारा,
दो जोड़ी अलग-अलग आँखों में,
एक जैसे ख़्वाबों का देखा जाना भी

मेरी कविताएँ

किसी उदास शाम
चाय की भाप संग
आजमाइएगा
मेरी कविताएँ

या किसी खरगोश
को सुनाइएगा
उसके दाँतों संग
उंगलियों से लुका छिपी
खेलते वक्त

गर आपके आसपास है
कोई लाल टिब्बे जैसी
शानदार उदास जगह
तब उसपर बैठ के
डूबते सूरज को भी सुना सकते हैं

मेरी कविता
साधारण पाठक ही चाहती है

कि जैसे कोई ढीला ढाला बुश्शर्ट पैंट पहना
आदमी चाहता है
कि उसका मित्र भी हो
उसके जैसा ही

कभी कभी
चाहता हूँ मैं भी
कि मेरी कविताओं में भी हों
रूसी नाम वाली नायिकाएँ
जो छिपा लें मेरी कविताओं की
शिल्पगत कमजोरियाँ
अपने भूरे बालों तले

इसे मेरी खब्त ही कहेंगे
कि रूसी कविताओं के हिन्दी अनुवाद पढ़ने की अपेक्षा
मैं पसन्द करता हूँ
अपनी जीन्स धोना
जो कि शायद धोई
थी सर्दियाँ गुजरने के बाद
आख़िरी दफ़े
जो पहनी जानी है कल एक सवांद गोष्ठी में

मुझे अपनी कविताएँ कठंस्थ
करानी है
धान रोपती औरतों को
मटियारे बच्चों को
रेडियो सुनते मजूरों को
किसी बड़े पत्थर पे पहली चोट करने को
तैयार छोटी हथौड़ी को

और जिस दिन
कोई
मरते आदमी के कानों में फूंक देगा
मेरी कविताएँ
गंगाजल डालने के बजाय

तर जाऊँगा मैं।

मुक्तक

मुश्क़िल थी, सम्हलना ही पड़ा, 'घर के वास्ते'।
फिर घर से, निकलना ही पड़ा, 'घर के वास्ते'।
मजबूरियों का नाम, हमने शौक़ रख दिया
हर शौक़, बदलना ही पड़ा, 'घर के वास्ते'।।

जिस रास्ते पे चल रहे, उस पर हैं छल पड़े।
कुछ देर के लिये, मेरे माथे पे बल पड़े।
हम सोचने लगे कि, यार लौट चलें क्या
फिर सोचा यार छोड़ो, चल पड़े तो चल पड़े।।

पत्थर की चमक है न नगीने की चमक है।
चेहरे पे, सीना तान के, जीने की चमक है।
पुरखों से, विरासत में हमें, कुछ न मिला था
जो दिख रही है, ख़ून-पसीने की चमक है।।

दुनिया समझ रही कि अब चमक गया हूँ मैं।
पर दिल ही जानता है, कितना थक गया हूँ मैं।
आसान लग रहा है, सफ़र देखने में पर
दीवानगी की आख़िरी हद तक गया हूँ मैं।।

न जीत में, न हार ही, जाने में मज़ा है।
जितना कि, दिल की आग, बुझाने में मज़ा है।
इस ज़िन्दगी के खेल में, शामिल जुआरियों
बस जान लो कि, दाँव लगाने में मज़ा है।।

कल भोर की चिन्ता में, रात नींद न आनी।
रावण नहीं है मारना, रोटी है कमानी।
हम राम तो नहीं, मगर ये बात भी सच है
हर आदमी की होती है, इक रामकहानी।।

मुझको न रोकिए, न ये नज़राने दीजिए।।
मेरा सफ़र अलग है, मुझे जाने दीजिए।
ज़्यादा से ज़्यादा होगा ये, कि हार जाऊंगा
क़िस्मत तो, मुझे अपनी आज़माने दीजिए।।

डरना नहीं, किसी के भी पैरों की नाप से।
आख़िर में पुण्य, जीत ही जायेगा पाप से।
गीता में कृष्ण ने कहा, अर्जुन से बस यही
पहली लड़ाई, जीतनी है, अपने आप से।।

जब डर पता चला, तभी ताक़त पता चली।
सीने में आग, सीने की हिम्मत पता चली।
शर्तों पे तेरी, बिकने से इन्कार कर दिया
तब जाके, अपने आप की क़ीमत पता चली।।

मायूस होके, द्वार से, लाचार जायेगा।
इस झूठ का, हर वार ही, बेकार जायेगा
ये ठीक है कि थोड़ी देर लग रही है पर
कैसे लगा ये तुमको कि सच हार जायेगा??

काँटे बना रहे हैं, कोई गुल बना रहे।
कुछ लोग, कहीं काग को, बुलबुल बना रहे।
तुम रास्तों को, खाई में, तब्दील कर रहे
हम लोग, उन्हीं खाइयों पे, 'पुल' बना रहे!!

बातों का दौर है, ये क़यासों का, दौर है।
ज़िन्दों की अर्थियों पे, बताशों का, दौर है।
जो तृप्त, उनके पास, समन्दर रखा मिला
प्यासों के इर्द-गिर्द, तमाशों का दौर है।।

इक शख़्स क्या गया, कि पूरा क़ाफ़िला गया।
तूफ़ाँ था तेज, पेड़ को, जड़ से हिला गया।
जब सल्तनत से, दिल की ही रानी, चली गयी
फिर क्या मलाल , तख़्त गया या क़िला गया।।

क़िस्मत में, कोई रंग क्या, धानी भी लिखा है?
बस हर्फ़ ही लिखे हैं या मानी भी लिखा है?
सूखी जुबान, ज़िन्दगी से, पूछने लगी
बस प्यास ही, लिखी है, कि पानी भी लिखा है?

क़िस्मत की बाजियों पे इख्तियार नहीं है
सब कुछ है मगर ज़िंदगी में प्यार नहीं है
कोई था जिसको याद करके गा रहे हैं हम
आँखों में अब किसी का इंतज़ार नहीं है

किरदार, बदलने को, कहानी ने कह दिया।
हालात के, बदले हुए, मानी ने कह दिया।
जो बात, सारी उम्र, ये आँखें न कह सकीं
आँखों से, निकलते हुए, पानी ने कह दिया।।

बीती है उम्र, ज़ख़्म भी, उतना हरा नहीं।
उतना हरा नहीं, मगर अब तक, भरा नहीं।
यूँ ज़िन्दगी में, लोग मिले, कितने ही हमें
पर यार 'तेरे जैसा', कोई दूसरा नहीं।।

उस दिन जो हुआ, कुछ भी था, अपराध नहीं था।
उस वक़्त हमें, और कुछ भी याद नहीं था।
दोनों के लब पे, जैसे कोई आग रखी थी
दोनों को कोयले का कोई स्वाद नहीं था।।

हालात बदलने से, ये दस्तूर हो गये।
साझा थे, जितने ख़्वाब, चकनाचूर हो गये।
तेरा भी, किसी बाँह के, घेरे में घर हुआ
हम भी, किसी की माँग का, सिन्दूर हो गये।।

जो याद, तेरे पाँव की ज़न्जीर बनी है।
वो याद, मेरे हाथ की लकीर बनी है।
पानी, जो उसी चाँद पे, ढूँढ़े नहीं मिला
पानी पे, उसी चाँद की, तस्वीर बनी है।।

आँखों से, मेरे नींद की, आहट चली गयी।
वो, घर से गया, घर की सजावट चली गयी।
इतनी हुई ख़ता, कि लब को, लब से छू लिया
इन शहद से होठों की, तरावट चली गयी।।

जंगल जो जलाये थे, उनमें बस्तियाँ भी थीं।
काँटों के साथ, फूल पे, कुछ तितलियाँ भी थीं।
तुमने तो गला, घोंट दिया, तुम को क्या पता
इसमें, किसी के नाम की, कुछ हिचकियाँ भी थीं!

दोनों ही, साथ-साथ में, रोये थे, हँसे थे।
दोनों के ख़्वाब, ताल की मिट्टी में धँसे थे।
दोनों को एक साथ में, मरने की ख़ुशी थी
दोनों के जिस्म, रेल की पटरी में फँसे थे।।

बात ज़्यादा नहीं ज़रा सी है।
कहकहों पर रखी उबासी है।
वैसे जीवन में ठीक ही है सब
दुःख नहीं हैं, मगर उदासी है।।

जो काल गणित में न था, वो पल नसीब था।
आँखें नसीब थीं, हमें काजल नसीब था।
ऐसा भी वक़्त है, हमें बूँदें नहीं नसीब
ऐसा भी वक़्त था, हमें बादल नसीब था।।

जो हो तन्हाई का आदी, कहाँ महफ़िल से जुड़ता है।
बहुत अरसा गुज़रता है, तो कोई दिल से जुड़ता है।
किसी का हो भरोसा आप पर, तो क़द्र भी करना
भरोसा टूट जाता है, तो फिर मुश्क़िल से जुड़ता है।।

हुनर कितना भी हो, कोशिश बिना, गुमनाम रहता है।
कि हर कोशिश का कोई न कोई ईनाम रहता है।
किसी कन्दील की माफ़िक़ जलो और आसमाँ छू लो
शिखर जो लोग छूते हैं, उन्हीं का नाम होता है।।

कोई गिरकर सम्हलता है, तो चलना सीख लेता है।
वो होगा और, जो टुकड़ों पे पलना सीख लेता है।
बहुत काली अँधेरी रात के, साये में इक सूरज
सुबह, सामर्थ्य के बल पर, निकलना सीख लेता है।।

मन को इक मन, याद हमेशा रहता है।
उम्र का वो 'पन', याद हमेशा रहता है।
सब कुछ जायें भूल, मगर इस माथे पर
पहला अंकन, याद हमेशा रहता है।।

था पेड़ एक टहनियों में फ़ासले हुए।
अब भिन्न हैं, पर मूल में थे, सब मिले हुए।
कुछ टहनियाँ थीं, साथ कुल्हाड़ी के लग गयीं
कुछ टहनियों पे पंछियों के घोंसले हुए।।